48 Meditationen und Gebete von Johannes Hansen liegen in Ihren Händen. Sie sind eine Sammlung aus bisher unveröffentlichten und einigen bereits bekannten Texten.

Bestell-Nr. RKW 778

Titelbild: W. Verhaege
Gestaltung und Zusammenstellung: RKW

Druck und Bindung: Gorenjski tisk storitive, Kranj, Slowenien

ISBN 978-3-88087-778-8

Johannes Hansen

Sprich nur ein Wort

Meditationen und Gebete

kawohl

Einleitung

**Schaue genau hin, meine Seele,
hier gibt es etwas zu entdecken,
was dich froh machen kann.**

Ein Offizier der römischen Besatzungsmacht kommt zu Jesus. Gewiss ein harter Mann, kampferprobt und befehlsgewohnt. Seine Kohorte gehorcht ihm aufs Wort. Was er befiehlt, das geschieht. Das sagt er ja selbst zu Jesus. Doch nun sehe ich ein ganz anderes Bild dieses Mannes. Er ist ein liebender Mensch. Sein Sklave ist krank und es bekümmert ihn tief.

**Das habe ich manchmal erlebt.
Ich täuschte mich in einem Menschen,
er war ganz anders, als wir miteinander sprachen.
Ein Mensch voller Hilfsbedürftigkeit und Hoffnung.**

Der Offizier aus dem fremden Land kommt zu Jesus, dem Mann aus Nazareth, der durchs Land zieht, um zu predigen und wo er predigt werden oft auch Menschen gesund. Der Römer spürt, von diesem Mann geht eine Kraft aus, er verändert Herzen und macht Menschen gesund. In ihm erwacht der Glaube. Als er Jesus um Hilfe bittet, will Jesus rasch zu ihm ins Haus kommen. Doch der Offizier sagt, „Ich bin es nicht wert, dass du unter mein Dach kommst." Er sagt ganz bescheiden, doch voller Vertrauen: „Sprich nur ein Wort, so wird mein Knecht gesund."

**So möchte ich glauben können. Jesus vertrauen,
dass er heilen und trösten und befreien kann.
Auch ich bin es nicht wert, dass er zu mir kommt.
Doch ich vertraue ihm, er ist so gut, so gut.**

Und dann geschieht es wirklich:

„Gehe hin, dir geschehe, wie du geglaubt hast."
Und sein Knecht wurde gesund zu derselben Stunde.

Hier lernt meine Seele den Glauben als Vertrauen kennen. Nicht nur mein Kopf soll glauben, sondern ich als ganzer Mensch darf glauben. Bis ins Herz hinein will Jesus zu mir kommen. Ich möchte auch ein liebender Mensch werden.

In der Liturgie geschieht es heute noch.
Mehrfach spricht die Gemeinde vor dem heiligen Abendmahl:
„Herr, ich bin nicht wert, dass du unter mein Dach kommst, sondern sprich nur ein Wort, so wird meine Seele gesund."

So will ich nun auch viel öfter und intensiver beten.
Mein ganzes Leben hat in diesem Gebet Platz.

zu Matthäus 8,5-13

Johannes Hansen

Inhaltsverzeichnis

Sprich nur ein Wort

und meine Seele
wird gesund.

Du magst dich nicht,
steckst in deiner Haut wie in einem fremden Haus.
An dir klebt vieles, was dir Angst macht und dich quält.
Erinnerungen, die wehtun.
Stunden und Tage, die du vergessen möchtest.
Du möchtest duschen, morgens, abends, nachts.
Doch es klebt an dir, du kriegst es nicht los.
Du Mensch in der kranken Haut.
„Unrein, unrein, unrein“, schrie der an
Aussatz erkrankte Mann.
Ausgesetzt und getrennt von allen Beziehungen.
Sich selbst total entfremdet.
Jesus war für ihn die letzte Hoffnung.
Er hatte ihn gesehen und gehört.
Er war ganz anders als die anderen.
Sie lachten über Jesus,
die ach so stolzen Frommen und Gesunden im Land.
Mach es wie der Unreine, renne hin zu Jesus.
Bekenne dich völlig abhängig von ihm und bitte:
„Willst du, so kannst du mich reinigen.“
Mach es wirklich wie der kranke Mann von damals.
Keine Rücksicht vor den Spöttern, keine Beugung vor de
frommen Traditionen und der vornehmen Gesellschaft,
die dich in Formen zwängt und ausgrenzt.
Jetzt ist die Stunde der Begegnung mit dem Heiland.
Jctzt.
Und Jesus rührt ihn an und spricht:
„Ich will, sei rein.“
Und er war rein, sofort.
Das gilt ihm und dir und mir und allen, die vertrauen.

zu Markus 1,40-45

Wie in einem fremden Haus

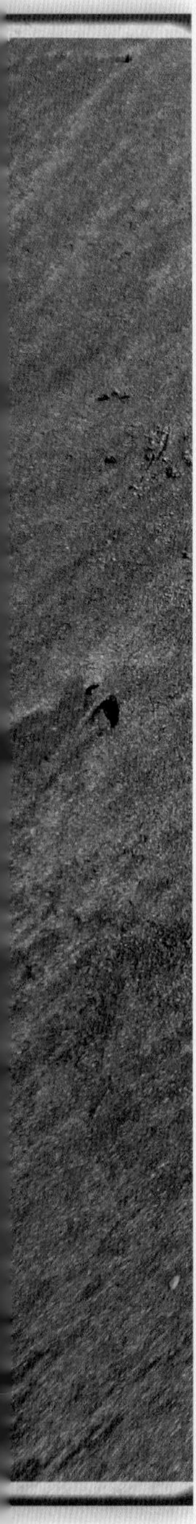

es war einmal
sagen die märchen
es ist, was war, heute
sagt das evangelium
der geist übersetzt das wort
über das breite meer der geschichte
macht es präsent in der gegenwart
unter uns, in uns, um uns
was jesus tat, tut er auch heute
wie beim kranken mann am teich betesda
achtunddreißig jahre lag er hingestreckt
hatte keinen menschen, der ihm zur quelle half
immer waren andere schneller
er blieb stets bitter traurig zurück

willst du gesund werden?
fragte ihn jesus damals
dich und mich auch heute
steh auf, hieß der gottesbefehl
er stand auf, nahm seine matte und ging hin

wer jesus hört und vertraut
stehe auf, nehme seine elendsmatte
und gehe hin in ein ganz neues leben
jetzt.

zu Johannes 5,1-9

willst du gesund werden?

Wir

Gedanken treiben uns um.
Meinungen nehmen uns gefangen.
Erwartungen überfordern uns.
Fehler klagen uns an.
Leid lässt uns verzagen.
Gräber machen uns stumm.
Unruhe quält uns tief innen.
Sorgen zerfressen uns langsam.
Träume bedrängen uns in der Nacht.
Ratlosigkeit umstellt uns wie Mauern.
Mächtc machen uns Angst.
Selbstanklagen ziehen uns vor Gericht.
Sehnsucht wird uns zur Qual.
Bilder verfolgen uns bis in den Schlaf.
Einsamkeit macht uns krank.
Schuld lässt uns nicht los.
Feinde sind wir uns selbst.

Er

Der Herr Jesus, in der Nacht, da er verraten ward,
nahm er das Brot, dankte und brach's und sprach:
Das ist mein Leib, der für euch gegeben wird;
das tut zu meinem Gedächtnis.

Desgleichen nahm er auch den Kelch
nach dem Mahl und sprach:
Dieser Kelch ist der neue Bund in meinem Blut;
das tut, sooft ihr daraus trinkt,
zu meinem Gedächtnis.

zu Lukas 22,19-20 und 1. Korinther 11,23-25

Wir / Er

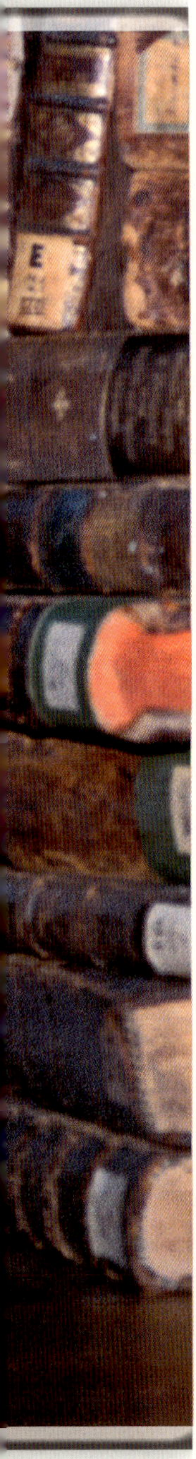

Denkt nicht gering
von Worten.
Sagt doch nicht,
es sind nur Worte.
Schon ein Wort kann
Berge bewegen.
Wenn Gottes Wort
zur Sprache wird.
Ein kurzer Satz
kann alles verändern.
Ich liebe dich,
und neues Leben ist da.
Dir ist vergeben,
und ein Mensch ist befreit.
Und das Wort Amen
sagt Ja, so ist es.
Gottes Wort ist wahr,
er hält, was er zusagt.
Wenn er spricht,
dann geschieht es auch.
Was er ins Leben ruft,
das ist lebendig.
Gott selbst lebt
in seinem Wort.
So predigt das Wort,
und glaubt ihm.
So hört das Wort,
und wagt den Sprung.
Es ist versiegelt mit
Ja und Amen.

zu Psalm 33

Ja und Amen

Vor Gott
darfst du bitter klagen,
dunkle Sorge bei Namen nennen,
stumme Schwermut hinausschreien,
düstere Zweifel in Worte fassen,
verborgene Schuld an den Tag bringen.

Dein Gott
ist dir nahe in deiner Not,
weiß um die Last deiner Tage,
sieht in die Tiefen deiner Seele,
kennt die Verwirrung deiner Gedanken,
lässt dich nicht los in deiner Angst.

Auch du
darfst das Lied lernen:
„Mein Herz freut sich,
dass du so gerne hilfst.
Ich will dem Herrn singen,
dass er so wohl an mir tut."

zu Psalm 13

Dein Gott ist dir nahe

Sprich nur ein Wort

und die Angst
weicht aus mir.

Stiller Tag am Meer.
Im Hafen dümpeln die Kutter.
Männer stapeln die Kisten
zum Verkauf ihres Fangs.
Am Strand vor den Dünen
ziehen Gäste ihre Spuren.
In den sanften Dünen
sitzt verborgen eine Frau.
Sie trägt das Sterben in sich.
Ihr letzter Sommer am Strand.
Sie weiß es schon länger.
Ihre Erdenspur ist bald zu Ende.

In ihren Abschiedsschmerz
mischt sich ein Tagtraum:
Unten am Strand vor der Düne
steigt ein Mensch in ein Boot.
Freunde schieben es hinaus
und winken ihm nach.
Ganz leise wölbt sich das Segel.
Das kleine Boot fährt und fährt,
wird immer kleiner und kleiner.
Fern gleitet es über den Horizont,
ist plötzlich wie verschwunden.
Sie sieht es mit geschlossenen Augen.

Doch ihr Traum wird zum Gesicht:
Drüben am anderen Ufer
des Meeres lachen Menschen.
Helles Licht liegt auf ihnen.
Jemand ruft: Seht, seht ein Boot!

Über den Horizont

Aus dem weißen Punkt am Horizont
wird ein leuchtend helles Segel.
Es kommt näher und näher und
erreicht das sonnige Ufer.
Sie springen ins Wasser,
ziehen das Boot an Land
und umarmen den Gekommenen.

Da sieht dieser - wie einst Johannes -
den Lebendigen am Ufer stehn und
ruft unsagbar froh:

„Es ist der Herr!"
zu Johannes 21,7

Du warst in der Wüste vierzig Tage lang.
Von Gott selbst gesandt durch seinen Geist.
Brüllend heiß die Tage, beißend kalt die Nächte.
Wüstenhunde bellten heiser, Geier zogen ihre Kreise.
Du hocktest ganz allein in dich gebückt.
Kein Zelt, kein Feuer, keine Waffe schützten dich.
Du warst ganz Mensch von Fleisch und Blut.
Welche Gefühle tobten wohl in deinen Sinnen.

Nachts über dir die kühle Diamantendecke.
Tags um dich das gleißend heiße Bett der Dünen.
Ausgedörrt und schier verhungert warst du endlich.
Da, da kam der Versucher, Lügner durch und durch.
Dreimal reizte er dich gegen Gottes große Ehre.
Mach aus Steinen Brot, du bist doch Gottes Sohn.
Spring in die Tiefe, die Engel werden dich tragen.
Sieh die Völker, bete mich an, dann ist alles dein.

Doch du schlugst den Versucher hart zurück.
Aus deinem Munde kamen Worte Gottes mächtig.
Die Schlacht um alle Welt hast du gewonnen.
Du hast dem Bösen das Maul gestopft für immer.
Nicht mit Waffen und Feuer hast du es vollbracht.
Gottesworte klar und ewig gültig waren deine Macht.
Sie wirken weiter in den Wüsten unserer Erde.
Wir müssen nicht mehr ohne Gott sein in der Welt.

Ich vertraue dir, du kennst meine Wüsten gut.
Die der wüsten Träume und der irrenden Gedanken.
Auch die Schmerzen und die Trauer waren mit dabei.
Unsere Einsamkeiten trugst du mit in deine Wüste.
Ängste, Krisen, Tränen, alles ist dir nicht fremd.
Worin du versucht, kannst du uns Versuchten helfen.
Niemand ist je so allein, dass du ihn nicht verstehst.
Den Umkämpften dieser Erde bist du ein Bruder.

zu Matthäus 4 und Hebräer 2

In der Wüste

Jahreswende
mit Gemüt schwer beladen
wer wird wen wann
zu Grabe tragen
wer wird wem warum
die Tränen trocknen
wer wird mit wem
worüber lachen

und doch

nur ein Tag im Lauf der vielen Tage
kein Ruck im Getriebe des Globus
nicht einmal eine knarrende Tür
kein Windzug kündet Neues an
Feuerwerk in den Straßen unbeachtet
bleibt alles alt und träge und gleich

und doch

der Glockenschlag um Mitternacht
Signal der Endlichkeit und des Vergehens
Anzeichen des Kommenden und der Erfüllung

und doch

wendet der Eine und Einzigartige das Blatt
öffnet den Weg über den Horizont hinaus
ging uns voran durch die Wand des Todes
erwartet uns vorne am Ziel

Jahreswende

Das Meer schläft wie ein großes Tier
hingestreckt in seinem Bett,
leise kräuselt sich sein graues Fell.

Doch dann kommt Wind auf,
er wird stark und stärker,
steigert sich zum Sturm.
Nun wühlt es sich
in seinem großen Bett,
es grunzt und stöhnt und jault und brüllt.

Wie Federn fliegen kleine Boote
nicht weit entfernt vom Strand
und draußen vor dem Horizont
kämpft sich ein großes Schiff
zum fernen Hafen.

So ist das Meer,
sanft und still
doch auch gepeitscht,
gejagt vom Sturm.

Du großer Gott,
es liegt in deiner hohlen Hand.

So ist das Meer

Und ob

ich von schweren Gedanken bedrängt werde,
meine Schwächen schmerzlich erleide,
mir in dunklen Stunden selbst fremd bin,
mich in Konflikten des Alltags verletze,
mir Kritiker hart meine Grenzen zeigen,
mich das Leid meiner Menschenbrüder entsetzt
und ich im Leben mein Sterben kommen spüre,
weiß ich mich dennoch von Deiner Hand gehalten.

Und ob,

ich bin unendlich geborgen,
denn Du bist immer bei mir.
Deine Nähe umgibt mich Tag und Nacht.
Du holst mich von falschen Wegen zurück.
Du nährst mich im Hunger mit Brot und Wein.
Deinen Namen hast Du mit meinem verbunden.
Du siegst für mich über finstere Gewalten.
Dein Tisch reicht durch die Wand des Todes.
Du meinst es auf ewig gut mit mir.

Ich bin unendlich geborgen,
denn Du bist immer bei mir.

Und ob.

zu Psalm 23

Unendlich geborgen

Sprich nur ein Wort

und dein Geist
kommt zu mir.

Wundert euch nicht,
wenn er kommt,
von dem ihr redet,
an den ihr glaubt,
um den ihr bittet,
den ihr herbeiruft.
Wundert euch nicht,
denn er kommt,
der Geist,
den ihr ruft.
ER ist Gott selbst.

Verweigert euch nicht,
wenn er kommt,
der euch umkehrt,
sein Feuer entzündet,
euer Denken und Tun
ganz neu macht.
Verweigert euch nicht,
denn er kommt,
der Geist,
den ihr ruft.
ER ist Gott selbst.

Öffnet euch weit,
wenn er kommt.
Er stößt Türen auf,
bringt frischen Wind,
kehrt ein und fegt aus,
Liebe und Freude bringt er.
Öffnet euch weit,
denn er kommt,
der Geist,
den ihr ruft.
ER ist Gott selbst.

zu Psalm 51,12-17

Wenn der Geist kommt ...

Größer und schöner,
tiefer und verborgener,
als Menschengeist
je denken und dichten,
forschen und messen kann,
ist der Anfang
von Himmel und Erde.

Mächtige Hände,
die schaffen und formen,
ordnen und bewahren.
Gute Hände,
die schützen und tragen,
hüten und segnen.
Zarte Hände,
die lindern und bergen,
aufheben und heilen.

Hände Gottes,
der sprach:
Es werde, und es ward.
Der ins Leben rief
alles,
was ist und noch wird.

zu Mose 1

Größer und schöner

Stimmt ein,
und singt mit mir ein Lied,
in dem die Freude klingt,
die in die Herzen dringt
und weite Kreise zieht.
Lobt Gott, den Schöpfer,
der uns das Leben gibt.

Singt mit,
hört auf den hellen Ton,
beendet euer Schweigen,
und seid dem Herrn zu eigen,
dem Christus, Gottes Sohn.
Lobt Gott, den Heiland,
der alle Menschen liebt.

Fasst Mut,
dazu hilft euch der Geist,
der unser Herz berührt,
uns überall zusammenführt
und uns zu hoffen heißt.
Lobt Gott, den Geist,
der kommt und uns befreit.

Credo

Lass uns horchen,
Liebster,
auf die leise Stimme,
Liebste.

Hörst du,
was sie spricht?
Ich höre sie.
‚Euer Gott bin ich'.

Ganz nahe
ist uns Gott,
nicht einen Hauch und
Wimpernschlag entfernt.

zu 2. Mose 6,7

Ganz nahe ist uns Gott

Ja und Ja und Ja
Vater, Sohn und Geist.
Du bist für uns da
wie dein Wort verheißt.

Ja und Ja und Ja
Vater, Sohn und Geist.
Unser kleines Ja und Ja
dich auf Erden preist.

Ja und Ja und Ja
Vater, Sohn und Geist.
Fern und doch ganz nah
wie uns Jesus weist.

Ja und Ja und Ja
Vater, Sohn und Geist.
Dreifach und doch wahr
unser Gott so heißt.

Ja und Ja und Ja
Vater, Sohn und Geist.
Jesus, er ist Gottes Ja,
was uns singen heißt.

Ja und Ja und Ja

Sprich nur ein Wort
und mein Glaube
wird gewiss.

Herr Jesus Christus,
ich habe deinen Ruf an mich gehört
und danke dir, dass du mich nicht vergessen hast,
obwohl ich dich oft vergaß und nicht an dich dachte.
Ich hatte mich von dir abgewandt
und ging meine eigenen Wege -
du aber hast mich nicht aufgegeben.

Ich bekenne dir die Schuld meines Lebens
und die ungezählten Fehler meiner Tage.
Ich bitte dich, Herr: Vergib mir meine Schuld
und nimm mich wieder als dein Eigentum an.
Ich danke dir, Herr, für dein Sterben am Kreuz
und für die Freiheit von Schuld,
Angst und Hoffnungslosigkeit.
Im Vertrauen darauf, dass du ja zu mir gesagt hast,
antworte ich nun mit meinem Ja zu dir.
Ich will dein Eigentum sein und bleiben.
Gib mir die Kraft, mich stets an dich zu halten
und nicht zu verzagen, wenn ich in Krisen komme.

Zeige mir meinen Platz in deiner Gemeinde
und meinen Platz in deiner dennoch geliebten Welt.
Zeige mir meine Gaben und Fähigkeiten,
damit ich sie einsetzen kann, wo du mich brauchst
und wo Menschen auf meine Hilfe warten.
Mache mir dein Wort lieb und gib mir Mut,
meinen Dank, meine Not und meine Bitten
im Gebet vor dich zu bringen.

Herr Jesus Christus, verwandle mein Leben,
dass es für dich zur Freude
und den Menschen zur Hilfe wird.
Amen

Gebet eines Menschen, der von nun an im Glauben an Jesus Christus leben will

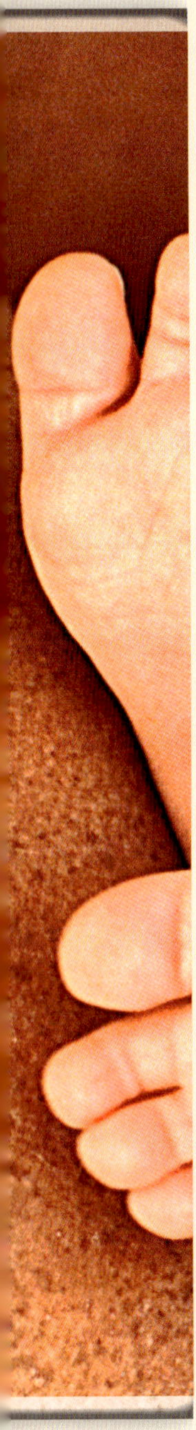

Alles gewollt,
im Herzen Gottes geboren,
aus Liebe erschaffen.

Nichts zufällig
in unzähligen Jahren
sinnlos geronnen.

Alles berührt
vom Hauch des Schöpfers,
dem Liebhaber des Lebens.

zu 1. Mose 1

Alles gewollt

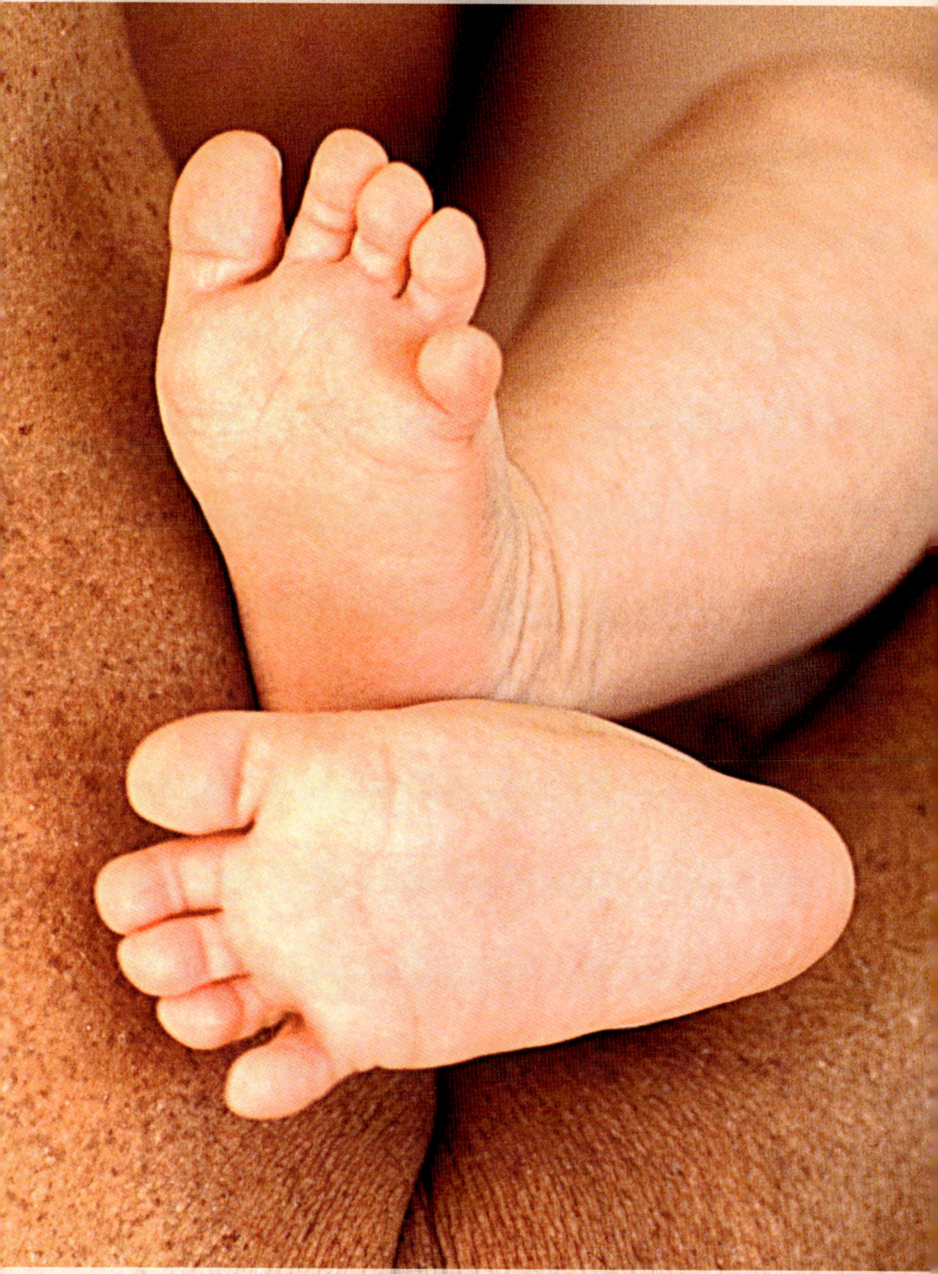

open air, open air, open air,
open air am see genezareth
alles drängt, jeder will
jesus reden hören,
nicht nur sehen, reden hören
er ist da, ganz nah, er ist da
jesus von nazareth ist da
alles drängt, alles drängt
jesus steht mit seinen füßen
fast im see genezareth

da sieht jesus simon
den fischermann simon
mit seinen männern
nicht open air, ganz down
sauer war die arbeit in der nacht
kein kleiner fisch im netz

jesus sagt zu simon
bau mir eine kanzel im see
jesus sitzt im boot
er predigt gott ist da, gott ist da
spricht für die armen und verzagten
gott liebt euch, gott kommt euch nah
kehrt um in die zukunft, es wird gut
lasst euch nicht hängen, fasst mut

er schickt simon aufs meer hinaus
er sagt zu, verspricht es ihnen
die netze werden berstend voll
es kann nicht sein, meint simon
kein fischer fängt fische am hellen tag
aber auf dein wort, aber auf dein wort
wollen wir es wagen, wollen wir es tun

die netze sind voll, ganz voll, sie reißen
einen großen fang am hellen tag
simon lag vor jesus hingestreckt
groß die freude, groß der schreck
ich passe nicht zu dir jesus
doch jesus sagt
fürchte dich nicht, ab heute wirst
du menschen fangen, gewinnen
für gott, für gott, für die neue welt
sagte jesus damals, sagt es immer noch
bis heute

zu Lukas 5,1-10

open air

Ich verlasse mich
ganz auf dich, mein Gott,
wenn es um Tod und Leben geht,
weil du verlässlich bist.
Das ist mein Glaube.

Ich verlasse mich
auf dein Wort, mein Gott.
Was du zusagst, hältst du auch,
hast dein Wort noch nie gebrochen.
Versprochen ist bei dir versprochen.

Ich verlasse meine Angst
und laufe im Gebet zu dir.
Du verstehst uns Menschen gut,
die wir zwischen Feuern leben,
und nimmst unserer Angst den Bann.

Ich verlasse meine Schuld,
alles, was dich traurig macht.
Ich bekenne sie vor dir,
du wirfst sie weit hinter dich
und sprichst mich los von ihr.

Ich verlasse meinen Stolz,
alles arrogante Wesen
und bekenne, wer ich wirklich bin.
Du nennst mich nun ein Gotteskind,
und die Wahrheit macht mich frei.

Ich verlasse mich
ganz auf dich, mein Gott,
wenn es um Tod und Leben geht,
weil du verlässlich bist.
Das ist mein Glaube.

zu Psalm 84,13

Das ist mein Glaube

Der Herr ist mein Hirte.
Guter Herr und guter Hirte.
Ohne ihn wäre ich nicht;
er gab mir das Leben.
Ohne ihn wäre ich nichts;
er nennt mich beim Namen.
Darum bin ich,
bin ich sein.
Ich bin sein
und er ist mein.

Immer ist er bei mir,
näher als mein eigenes Herz.
Vor mir, neben mir, um mich,
über mir mit seiner Güte
hütet er mein Leben.
Was auch mit mir ist -
mein Hirte ist der Herr.

zu Psalm 23

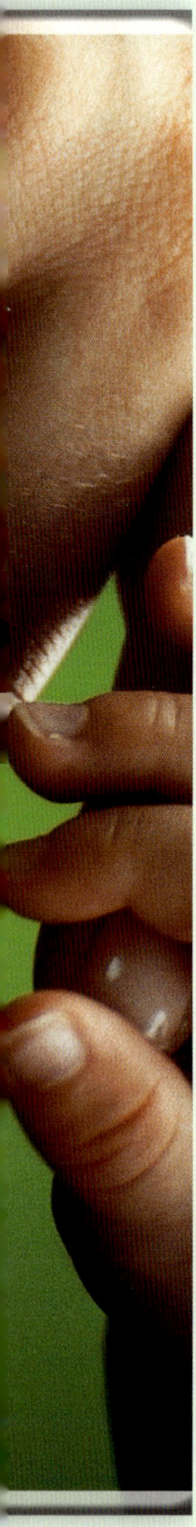

Mein Hirte ist der Herr

Sprich nur ein Wort

und mein Denken
wird klar.

Es war Nacht.
Krachend brannte das Feuer.
Rundherum die Söldner.
Auch die Dirnen waren da.
Witze flogen hin und her.
Der Becher ging im Kreis.
Mittendrin saß Simon Petrus.
Kein Fels war er, nur Schotter.
Dreimal log er ihnen ins Gesicht.
Du bist es doch, wir sahen dich.
Ganz nahe warst du bei ihm.
Doch Nein und Nein und Nein.
Nie gesehen, nie gehört.
Auch die Liebe Jesu nicht.
Dreimal log er, dreimal schwer.
Da krähte der Hahn.
Wie vorhergesagt von Jesus
Schrecken fuhr in Simon.
Weinend stürzte er davon.
Es war Nacht.

zu Matthäus 26,69-75 und Markus 14,66-72

Da krähte der Hahn

Tief ist das Geheimnis
alles Erschaffenen.
Undenkbar tiefer das
des Schöpfers.

Überall Fingerspuren
des großen
Künstlers und Bauherrn,
der dem ruft,
das nicht ist,
dass es sei.

Im Gewebe und Geäder
des Universums
beben Erde und Luft und Wasser
und Licht von Kraft.
Potential Schöpfung, Energie.
Für immer versehen mit der Signatur:
‚Die Erde ist des Herrn'.

Tief ist das Geheimnis

ER ER ER ist alles
Jesus der Christus
nichts ist ohne Ihn
alles ist durch Ihn
Alpha und Omega
Anfang und Ende
Ursprung und Ziel
alle Schätze
der Weisheit
und Erkenntnis
liegen verborgen
in Ihm
Gott in Christus
für uns unter uns in uns
Jesus der Christus
ER ER ER ist alles
betet betet Ihn an

zu Kolosser 2,3

Geheimnis des Glaubens

Durch Jesus, dem Christus Gottes
ist längst vor uns
alles für uns geschehen
worauf wir uns im Leben und im Sterben
ganz gewiss
verlassen können.
Darum darfst du
glauben, lieben und hoffen.
Du musst nicht traurig sein.
Du bist geborgen.

zu Kolosser 2,3

Du hängst herum
im Sessel und Sofa
vor der Kiste
und vergisst total,
was Jesus mit dir vorhat,
meine Seele.
Dunkel ist es auf der Erde,
hat er uns gesagt.
Doch es soll nicht so bleiben.
„Ihr seid das Licht der Welt."
Sagte er zu seinen Jüngern.
Damals auf dem Berg.
Unglaublich und doch wahr.
Diese einfachen und armen Männer.
Solch ein weltweiter Auftrag,
global, universal.
Aber er hat auch dich gemeint,
als er sagte:
„Lasst euer Licht leuchten
vor den Leuten."
Tut Gutes in meinem Namen.
Dann werden sie Spaß kriegen
an Gott
und ihn mit Worten
und Lieden und Taten
preisen.
Komm heraus aus deiner Ecke,
liebe Seele.
Runter von den
weichen Sitzgelegenheiten.
Rein in die Welt.
Hin zu den Menschen
mit der Liebe Gottes
in vielen kleinen guten Taten.
Fang doch heute schon mal an.
Jetzt.

zu Matthäus 5,13-16

Rein in die Welt

Ich möchte ein Leben lang lernen,
Herr, in deinem Wort,
mich täglich überraschen lassen,
neue Worte und Bilder entdecken,
nicht nur hinzulernen,
schmerzlich umdenken lernen,
hören, vertrauen, glauben und
lieben lernen.

Ich möchte ein Leben lang suchen,
Herr, in deinem Wort,
bisher verborgene Spuren finden,
noch unentdecktes Land erkunden,
immer nach Wegen fragen,
unterwegs bleiben zum Horizont,
forschen, suchen, finden – und
bin doch schon gefunden.

Ich möchte ein Leben lang staunen,
Herr, über dein Wort,
verwundert über jeden neuen Tag,
mit wachen Sinnen leben,
ein dankbarer Mensch bleiben,
dein Gast auf dieser Erde,
singen, loben, beten, arbeiten
und von dir erzählen.

zu Psalm 119

Dein Wort macht mich klug

Sprich nur ein Wort

und meine Ohren
öffnen sich.

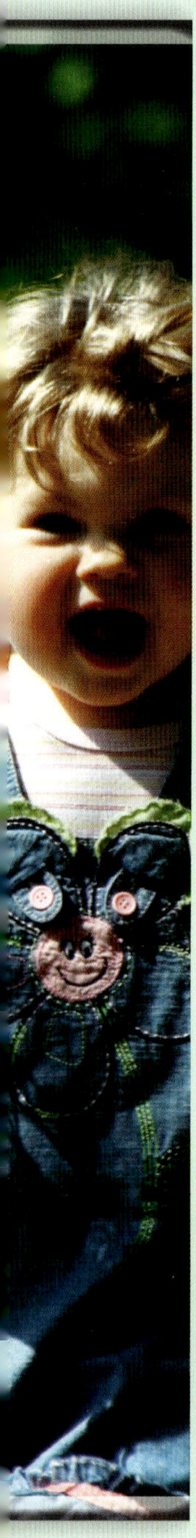

Ein Käsebrot mit Freunden
ist besser als ein fünfgängiges Menü,
vornehm serviert von drei Obern
am teuren Tisch mit Interessenten.

Das Lachen eines Kindes
ist mehr Musik als die große Oper
erlitten in Frack und Abendkleid
in den ersten Reihen der Prominenten.

Das Zwitschern eines Vogels
macht nachdenklicher als die Wahlrede
im großen Saal mit viel Getöse,
wenn der Vogel singt in Castrop-Rauxel.

Zwei Frauen am Küchentisch,
wenn sie beten: Herr, dein Reich komme,
sind mächtiger
als die UNO-Vollversammlung
im Glaspalast am East River in New York.

Mit anderen Augen und Ohren sehen und hören

Wie's einmal war,
wird's nie mehr sein.
Zu tief die Kluft,
die unser Hochmut brach.
Das Paradies ist ausgeträumt.

Trotz allem gilt
das Wort ‚es werde'.
Bei jedem ersten Schrei
bei jedem Kinderlachen
ist Gott dabei.

Und blühn
auch neue Blumen
auf Gottes alter Erde,
ist, was am Morgen frisch,
am Abend matt und welk.

Doch
bleibt bestehn,
für immer zugesagt
seit jenem dritten Tag:
‚Ich mache alles neu'.

Trotz allem

Abba, lieber Vater.
Urlaut des Lebens,
lallendes Glück des Kindes,
geschmiegt in die starken Arme
zärtlicher Kraft der Liebe.

Abba, lieber Vater.
Stimme des einen Sohnes,
zugesagt allen Menschen,
heimgekehrt aus der Fremde
zum Fest im Hause des Vaters.

Abba, lieber Vater.
Hauch des Geistes,
staunendes Stammeln der Lippen
nach vorher vernommenem Hören
des unsagbar schönen Namens.

Abba, lieber Vater.
Zuhause der Kinder Gottes,
für immer geborgen bei dir,
unendlich geliebter Vater,
für immer und immer und immer.

zu Lukas 15,21

Abba, lieber Vater

Halte eine Muschel an das Ohr
und du hörst das Meer.
Es rauscht und rauscht und rauscht
und lässt in dir die Sehnsucht wachsen
nach der Weite, dem Licht und der Freiheit.

Halte die Muschel in die Sonne
und du siehst einen stillen Glanz,
der das Geheimnis des Lebens ahnen lässt,
das hinter allen Erkenntnissen des Verstandes
noch lockend auf dich wartet.

Halte die Bibel an das Ohr
wie ein fragendes kleines Kind.
In ihr summt ein leiser Ruf nach dir,
und du hörst erstaunt den Namen aller Namen.
Deine Sehnsucht nach Gott wird sich erfüllen.

Viele haben Gott verschlafen,
weil sie nicht wie Kinder wurden.
Nun entdecken sie erfreut die Wahrheit,
die weit hinausreicht über ihre Klugheit
und dem sich auftut, der sich ihr im Herzen öffnet.

zu Psalm 139

Die Sehnsucht

Ich freue mich über dein Wort, Herr,
wie über das helle Lachen eines Kindes
an einem trüben Tag
und den Brief eines alten Freundes,
der mich schon am Morgen grüßt,
wie über das Rauschen
eines starken Baumes im Abendwind
und die ersten Kirschblüten
nach einem langen Winter.

Ach Herr, ich freue mich über dein Wort,
wie über den Sturm auf dem Deich,
der mir den Mund verschließt
und in meinen Kleidern zerrt
und über den Sonnenaufgang
nach dunkler Nacht,
wie über den Becher Wasser
nach einem langen Weg
und den jubelnden Choral
am Ostermorgen über Gräbern.

Ich freue mich über dein Wort, Herr,
wie ein aus dem Wasser Geretteter,
wie ein Gejagter,
der über die Grenze entkommt,
wie ein Sklave,
dem man die Ketten abschlägt,
wie ein Forscher,
der neues Land entdeckt,
wie ein Verirrter,
der endlich ein Haus findet
und wie ein Kind,
das die Mutter küsst.

Ich freue mich über dein Wort

Ach Herr, ich freue mich über dein Wort,
denn Himmel und Erde
sind in ihm beisammen,
in Fülle kommt Nahrung
von dir zu mir,
übergenug zu leben und zu sterben,
täglich teilst du mir aus.
Mein Leid ist deines
und deine Liebe ist meine,
sagt mir dein Wort.
Ich arbeite in ihm, grabe in ihm
und finde den Schatz:
Dich.

zu Psalm 119

Sprich nur ein Wort

und meine Augen
werden klar.

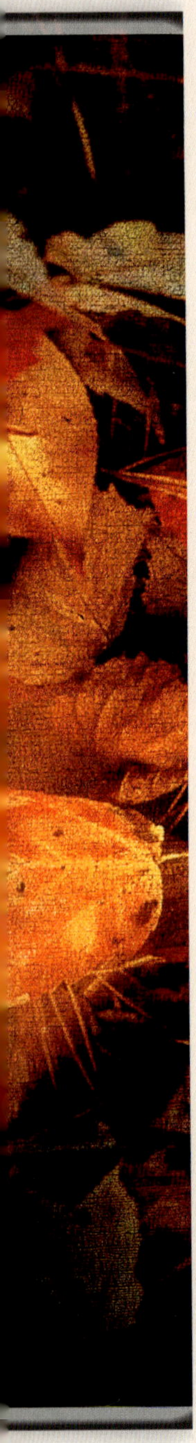

Schön ist Gott -
so sangen schon die Alten -
und schön hat er
den Menschen gemacht.
Und damit der Mensch noch schöner sei,
hat er zwei gemacht,
Mann und Frau
und Frau und Mann.
Mit eigner Hand hat er sie gemacht,
starke und zarte Glieder
gab er ihnen
und ein Antlitz als
Spiegel seiner Liebe.

Und hat ihre Leiber und alle Sinne
füreinander gemacht,
dass sie ihn loben und
sich lieben.
Und hat ihnen
Macht gegeben über alles auf der Erde,
dass sie es
erforschen und bewachen und pflegen.

Gott lacht
am Abend des sechsten Tages.
Sein Jubel hallt wider von allen Sternen:
‚Es ist alles sehr gut‘.

zu 1. Mose 1,27-31

Spiegel seiner Liebe

Wir brauchen nicht viel,
viel weniger, als wir meinen.
Öffentliche Eitelkeiten
haben uns maßlos gemacht -
und neidisch.

Wir haben übergenug,
viel mehr, als wir sehen.
Blendende Farben
haben uns blind gemacht -
und matt.

Was wir wirklich brauchen
zum Leben und zum Sterben
ist immer kostenlos:
Liebe, Gnade, Gelassenheit -
und Dank.

Bilanz

Manchmal
sehe ich helle Bilder
von jenseits des Horizonts,
wo ich einmal war.

Manchmal
höre ich vertraute Stimmen,
warme Töne von damals,
ganz von ferne.

Manchmal
schmecke ich frisches Brot;
gute Hände gaben es mir,
schmerzhaft unvergesslich.

Manchmal
sehne ich mich nach Hause,
ganz daheim zu sein,
bei meinem Gott.

Sehnsucht

Das Licht des neuen Tages geht auf
ich freue mich
kühles Wasser rauscht über meine Haut
ich freue mich
das Brot mit frischer Butter schmeckt
ich freue mich
ein Wort der Bibel macht mich still
ich freue mich
der Wind fährt durch meine Haare
ich freue mich
die Sonne sagt mir einen guten Tag
ich freue mich
der Motor meines Wagens klingt klar
ich freue mich
der Kollege im Büro macht einen Scherz
ich freue mich
ein Brief bringt gute Nachrichten
ich freue mich
die alte Frau am Kiosk lacht mich an
ich freue mich
mein Kind springt mir um den Hals
ich freue mich
der Leitartikel zwingt zum Nachdenken
ich freue mich
hinter dem Stahlwerk geht die Sonne unter
ich freue mich
die Erde ist voll Deiner Güter
ich freue mich

ich freue mich
weil ich mich freuen darf
und danke meinem Gott

zu Psalm 104

Ich freue mich

ECLUSE
FLEURY
N 18

Du warst ganz allein,
alle hatten dich verlassen,
auch nicht einer blieb dir treu.

So hingst du am Kreuz
und klagtest laut hoch über allen:
„Mein Gott, warum hast du mich verlassen?“

Doch du warst dort nicht allein,
zwei Verbrecher henkte man mit dir.
Besonders schmähen wollte man dich so.

Alle lachten unten über dich,
Priester und der Pöbel Arm in Arm,
und die Henker würfelten um deinen Rock.

Alle Schuld zogst du auf dich,
alle Blitze schlugen in dich ein.
Unsre bösen Taten waren auch dabei.

Meine Arbeit ist getan, sprachst du.
Deine sterbend ausgestreckten Arme
ziehen uns zurück zu unserm Gott.

Vergib ihnen, Vater, hieß dein Gebet für uns.
Sie wissen doch nicht, was sie tun.
Bis heute sprichst du deine Mörder frei.

Nun kommen sie zu deinem Kreuz gelaufen,
von weit her, immer mehr, immer mehr ...
Sie weinen vor Glück und sagen dir Dank.

zu Psalm 22,2

Psalm unter dem Kreuz

Sprich nur ein Wort

und die Hoffnung
bekommt Flügel.

Was einmal sein wird,
wenn Er kommt –
kein Auge kann es
jetzt schon fassen,
und unser Mund verstummt
vor dem Geheimnis.

Doch Zukunft
hat schon hier begonnen,
seit Er in unsere Mitte trat
und uns
mit seinem Geist anblies,
wie damals Gott am Anfang.

Sein Ruf
führt uns zusammen
und
sendet uns in alle Welt
hinaus.

‚Ein Leib und Geist,
ein Herr und eine Taufe,
ein Gott und Vater aller'.
Und Hoffnung hält uns
wach.

zu Epheser 4,4-6

Wenn ER kommt

Du hast uns deine Welt
zu treuen Händen anvertraut.

Mach uns hellsichtig
über den Horizont hinaus,
dass wir das Haus der Schöpfung,
von dir für uns erbaut,
ehrfürchtig hüten und bewahren
den Generationen.

Mach uns empfindsam
bis in die Fingerspitzen,
dass wir jedes Blatt vom Baum
und jeden Krümel Erde
in unseren Händen spüren
wie pures Gold.

Mach uns dankbar
mit allen Sinnen für alles,
dass unsere verkrampften Hände
sich öffnen zum Teilen,
zum Versprechen der Liebe
und des Friedens.

Du hast uns deine Welt
zu treuen Händen anvertraut.

zu 1. Mose 1,28

Anvertraut

Über allem Lebendigen
steht der Schwur,
der die Welt erhält.
Mit kühnem Schwung
lichtfarben
als Zeichen des Bundes
in die Wolken geschrieben.
Ehrenwort Gottes,
aller Untreue zum Trotz:
‚Niemals wieder
soll eine Flut kommen,
die Erde zu vernichten'.

Dreimal flog die Taube -
zuerst kam sie ermattet zurück,
dann trug sie das Ölblatt im Schnabel,
und endlich blieb sie für immer
auf Gottes neu gewollter Erde.
Vogel des Geistes und des Friedens -
er fliegt und fliegt und fliegt ...

zu 1. Mose 8,21-22

Ehrenwort

Teilt das Brot mit anderen;
es schmeckt doch nur gebrochen gut.
Teilt das Brot mit anderen;
geteiltes Brot macht vielen Mut.

Teilt das Wort mit anderen;
es ist zu reich für euch allein.
Teilt das Wort mit anderen;
es soll zum Heil für viele sein.

Teilt das Leid mit anderen;
es ist doch eurer Brüder Not.
Teilt das Leid mit anderen;
die Liebe ist des Herrn Gebot.

Teilt das Licht mit anderen,
dass es die Finsternis vertreibt.
Teilt das Licht mit anderen,
dass keiner mehr im Dunkel bleibt.

Teilt das Brot

Wer in der Tiefe war
ganz unten
entsetzt
verzweifelt
verloren
am Ende
und wieder leben darf
kann nicht schweigen
muss reden singen danken
beten erzählen
und loben

Wer Gott verlor
sich selbst
Freunde
Glück
Hoffnung
das Leben
und von Gott gefunden wurde
kann aufatmen
hell lachen
wieder denken
darum danken
neu beginnen
und lieben

Nach dem Dunkel
kommt ein neuer Morgen
verstummen Feinde
freuen sich Freunde
trocknen die Tränen
beginnt der Tanz
denn nun bleibt
lebenslang seine Gnade

zu Psalm 30

Ein neuer Morgen

Sprich nur ein Wort

und Türen öffnen sich
vor mir.

Er kam in seine Heimatstadt.
Jesus von Nazareth.
Doch sie schüttelten die Köpfe,
tuschelten und höhnten.
Er predigte Gottes Reich in der Stadt.
Das Kommen Gottes in seine Welt.
Auch nach Nazareth.
Doch sie glaubten Jesus nicht.
Null Triumph und Begeisterung.
Dafür Skepsis und Distanz.
Er ist doch nur ein Sohn armer Eltern.
Jesus.
Zimmermann und Sohn von Josef und Maria.
Alle Verwandten wohnten dort.
Jesus von Nazareth.
Total normal, nicht ungewöhnlich, nicht himmlisch.
Verachtet und verstoßen verließ er Nazareth.
Er wunderte sich über ihren Unglauben.

So tief
kam Gott zu uns durch Jesus
von Nazareth.

O, meine arme Seele.
Denke nach, bekümmere dich um mich.
Dass ich ja nicht fehle, wenn Jesus zu mir kommt.

zu Markus 6,1-6

Ein stummes Gebet.
Sich fallen lassen
in eine große hohle Hand.
Einkehren in den vertrauten Raum
wunderbarer Nähe.
Einfach schweigen.

Nicht wortlos,
denn wie könnte ich schweigen,
wenn nicht vorher Worte waren,
nachklingend,
die jetzt tragen.

Schweigen

Nachtgebet

Der Tag geht hin,
die Nacht bricht an
und meine Sinne suchen Ruh.
Versagen und Gewinn,
ich gebe es nun dran,
mein Friede bist nur du.

Vertreib aus mir,
was ängstet mich
und stelle sichre Wacht.
Ich geb mich dir,
vertraue ganz auf dich,
dem Hüter meiner Nacht.

Halt deine Hand
auch über Menschen,
die ich von Herzen liebe.
Sei über jedem Land,
Gott ohne Grenzen,
für alle Welt der Friede.

Den neuen Tag
erwart ich gern
und habe guten Mut.
Du hast mir Treue zugesagt,
bist keine Stunde fern,
mein Gott, du bist mir gut.

zu Psalm 4

Lasst euch nicht hängen,
steht auf und erhebt die Häupter.

Lasst euch nicht gehen,
kehrt um und geht dem Einen nach.

Lasst euch nicht verführen,
kein Teufel hat auf euch ein Recht.

Lasst eucht nicht missbrauchen,
eure Leiber und Seelen sind kostbar.

Lasst euch nicht ausbeuten,
weder vom Konsum, noch von einer Religion.

Lasst euch das Denken nicht verbieten,
wer Gott gehört, ist zur Freiheit bestimmt.

Zur Freiheit bestimmt

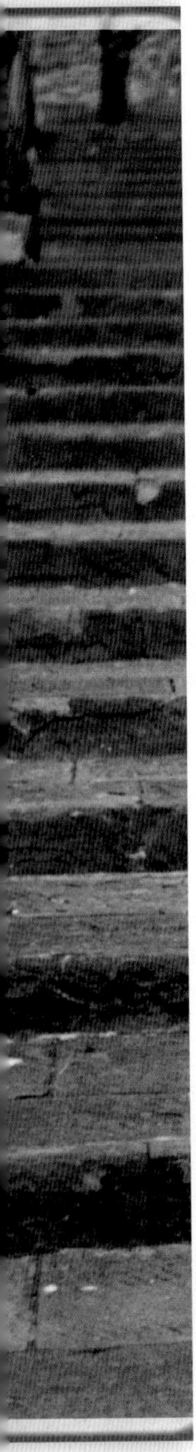

Ich bin unterwegs
auf meinem kleinen Lebensweg.
Tag für Tag, Schritt für Schritt.
Ich will in der Spur des Glaubens bleiben.
Darum rufe ich dich um Hilfe an.
Zeitungen umgeben mich täglich.
Fernsehstationen senden Tag und Nacht.
Parteien und Richtungen und Lobbyisten
werben um mein Denken und Fühlen.
Alle wollen meine Seele für sich gewinnen.
Ich lebe im Sog der wechselnden Meinungen,
werde gereizt von Werbestrategien.
Ich soll kaufen, was ich nicht brauche,
mit Geld, das ich nicht habe, um anerkannt zu sein.
Wie schön, dass ich dich kenne,
mein guter Gott und Herr.
Du spannst deine Hände schützend über mir aus,
wenn die Hitze des Alltags brennt
und die Schatten der Schwermut mich nachts quälen.
Du wachst für mich, wenn ich tief erschöpft bin.
Du bewachst meine Seele
vor den Seelenräubern draußen
und den dunklen Träumen in mir selbst.
Ich richte mein Vertrauen ganz auf dich.
Du bist der Herr über alles - Du hast alles gemacht.
Ich kleiner Mensch bin dein, das ist wunderbar.
Nichts kann mich von dir trennen.
Ich preise dich, Du Wächter meines Lebensweges,
von nun an bis in Ewigkeit.

zu Psalm 121

Auf dem Lebensweg

Sprich nur ein Wort
und meine Seele wird gesund.
HERR, DU TUST MIR GUT.

Sprich nur ein Wort
und die Angst weicht aus mir.
HERR, DU TUST MIR GUT.

Sprich nur ein Wort
und dein Geist kommt zu mir.
HERR, DU TUST MIR GUT.

Sprich nur ein Wort
und mein Glaube wird gewiss.
HERR, DU TUST MIR GUT.

Sprich nur ein Wort
und mein Denken wird klar.
HERR, DU TUST MIR GUT.

Sprich nur ein Wort
und meine Ohren öffnen sich.
HERR, DU TUST MIR GUT.

Sprich nur ein Wort
und meine Augen werden klar.
HERR, DU TUST MIR GUT.

Sprich nur ein Wort
und die Hoffnung bekommt Flügel.
HERR, DU TUST MIR GUT.

Sprich nur ein Wort
und Türen öffnen sich vor mir.
HERR, DU TUST MIR GUT.

zu Matthäus 8,8

Sprich nur ein Wort

Johannes Hansen

Geboren in Nordfriesland, links oben
an der Grenze zu Dänemark.
Ein Christenmensch, fasziniert
von der erfreulichen Nachricht,
die den Namen Jesus Christus trägt.

Bekannt wurde er durch seine Vortragsreihen auf evangelischen Kirchentagen. Und von seinen Predigten und Reden in ungezählten Dörfern und Städten, Kirchen und Hallen in ganz Deutschland. Predigen macht Freude, sagte er - dem Prediger und den Hörern.

Viele Jahre arbeitete er in verantwortlichen öffentlichen Ämtern seiner Kirche. Ihm ging es um die Kommunikation des Glaubens im Kontext der Kultur, darum liebte er auch die Sprache in ihren vielen Variationen. Dazu gehörten für ihn auch die 'Verdichtungen' des Wortes in diesem Buch.

Johannes Hansen war Pfarrer der evangelischen Kirche von Westfalen. Viele Jahre sah man ihn im Sender Bibel-TV in der Reihe KAWOHL - AUGENBLICKE.
Er war Autor im Projekt www.gott.net.de, in dem er ehrenamtlich die wöchentlich erscheinenden Kolumnen schrieb.
Im Spaß nannte er sich Internet-Preacher.

Am 12. Oktober 2010 verstarb
Johannes Hansen im Alter von 80 Jahren.

Würdigung

Unser Autor und Freund Johannes Hansen wurde am 12. Oktober 2010 im Alter von 80 Jahren von seinem Herrn in die Ewigkeit abberufen. Er darf nun den schauen, an den er geglaubt, dem er vertraut und den er viele Jahrzehnte auf eindrückliche Weise in großen Hallen und kleinen Sälen, auf Kirchentagen und in Zelten, leidenschaftlich verkündigt hat. Wir wissen ihn bei Gott geborgen. Als letzten Satz einer seiner Meditationen schrieb er: ‚Die Luft, die wir im Himmel atmen, wird lauter Liebe sein'. Diese Liebe darf er nun genießen. Seine Frau Margret, seine Kinder und Enkel befehlen wir betend unserem Gott an, der tröstet, segnet und sie gewiss auf dem weiteren Weg begleitet.

Er war unser sehr geschätzter Autor, ein Dichter, der hervorragende Meditationen schrieb, die vielen Menschen zum Segen wurden. In unzähligen Gottesdiensten wurden sie gelesen und immer wieder in Büchern, Kalendern und Zeitschriften abgedruckt. Sensible, sprachlich hervorragende und tiefgründige geistliche Texte berührten und berühren Leser und Hörer.

Der Bildband ‚Nach dem Dunkel kommt ein neuer Morgen' mit Psalmen für schöne und schwere Tage erschien im Jahre 1978 und erzielte eine besonders hohe Auflage.
Die Meditationen wirken weiter, sie trösten Menschen, stiften zu jubelnder Freude an und erinnern sie auch an ihre Verantwortung in der Welt Gottes. Sie zeugen von großer Übersicht und Einsicht des Autors. Er war leidenschaftlicher Verkündiger und Christ und doch mit beiden Beinen in dieser Welt.

Johannes Hansen hatte zugesagt, anlässlich der Feier zum 40-jährigen Jubiläum unseres Verlages am 21. Oktober die Dankandacht zu halten. Seine schriftliche Zusage hatte er mit dem Vermerk gelb markiert ‚So der Herr will und wir leben! Jakobus 4,15'. Das Wissen um die unbedingte Abhängigkeit von seinem Herrn machte er damit deutlich. Johannes Hansen fehlt uns, wir haben bedauert, dass er nicht mehr dabei sein konnte und wir haben seiner in großer Wertschätzung gedacht.

Fast 40 Jahre kannten wir einander. Anfang der 70er Jahre begegneten wir uns erstmals, als Johannes Hansen auf unserem Jugendtag Niederrhein in Wesel sprach. Wir sind ihm für langjährige Freundschaft dankbar, die weit über das Verhältnis Autor – Verlag hinausging und für alles Vertrauen, das er uns und unserer Familie entgegenbrachte. Sein Erbe, das er uns und den Lesern in seinen Texten anvertraut hat, werden wir bewahren und recht verwalten. Das wollen wir in Verantwortung mit diesem Buch ‚Sprich nur ein Wort' tun, das viele neue und manche bewährte Texte enthält. Sein Erscheinen hat Johannes Hansen nicht mehr erlebt. Die Grunddankbarkeit des Autors möge uns anstecken: ‚Herr, du tust mir gut'.

Reinhard und Hilde Kawohl
mit Familie und Verlag

Inhaltsverzeichnis

Fotografen

G. Boßmann
102/103

L. Conrad
64/65, 110/111, 112/113

DigitalVision
26/27

T. Englisch
24/25, 74/75

P. Kleff
30/31, 88/89

A. Klisch
98/99

R. Konrad
14/15, 36/37, 48/49, 54/55, 62/63

W. Krebber
38/39, 104/105

MEV
12/13, 66/67, 68/69, 86/87, 100/101

K. Nordmann
32/33

PhotoDisc
40/41, 90/91, 116/117

Pitopia / Don Ross
20/21

Pitopia / F. Metelec
34/35

Pitopia / J. Weber
58/59

Pitopia / Kraftzwerg
78/79

Pitopia / M. Dietrich
44/45

Pitopia / R. Lamminger
70/71

Pitopia / R. Loesche
106/107

Pitopia / R. Weber
22/23

Pitopia / S. Coelho
94/95

Pitopia / Spectral-Design
114/115

Pitopia / W. Zikas
72/73

Pitopia / U. Jahn
10/11

A. Pohl SCJ
18/19, 46/47, 76/77

W. Rauch
28/29, 92/93, 108/109

D. Schinner
42/43

K. Scholz
80/81, 82/83

C. Stelzner
60/61

F. Sturm
52/53

Silvestris/Jauregui
84/85

W. Verhaege
118/119

G. Weissing
96/97

A. Will
16/17, 50/51, 56/57

Weitere Werke von Johannes Hansen

Unendlich geborgen - 56 Psalm-Meditationen für das ganze Leben
Sie sind eine Sammlung aus bekannten und noch nicht veröffentlichten Texten. Sensible Gedanken, provozierende Impulse und mitreißende Wortketten nehmen Sie in eine Besinnung hinein, die Ihr Denken und Handeln verändern kann.
RKW 777 - 128 Seiten, durchgehend bebildert ISBN 978-3-88087-777-1

Dein Gast auf dieser Erde - Psalmen für schöne und schwere Tage
Temperamentvolle Psalm-Meditationen und inspirierende Bilder laden ein zum Lesen und Beten, Staunen und Genießen, Vortragen oder Zuhören.
RKW 746 - 64 Seiten, durchgehend bebildert ISBN 978-3-88087-746-7

Dein Gast auf dieser Erde - Als Hörbuch mit Musik
Freuen Sie sich auf eine CD, bei der Dichtung und Musik eine stilvolle Verbindung eingehen.
CD 943.339 ISBN 978-3-93724-074-9

Ein Haus in dem ich wohnen darf - Gedanken zu Psalm 23
Johannes Hansen bringt die vielen Facetten dieses biblischen Edelsteins zum Glänzen und spannt einen Bogen zu Christus, dem guten Hirten.
RKW 747 - 64 Seiten, durchgehend bebildert ISBN 978-3-88087-747-4